школа - l'école — 2
путешествие - le voyage — 5
транспорт - le transport — 8
город - la ville — 10
ландшафт - le paysage — 14
ресторан - le restaurant — 17
супермаркет - le supermarché — 20
напитки - les boissons — 22
еда - l'alimentation — 23
ферма - la ferme — 27
дом - la maison — 31
гостиная - le salon — 33
кухня - la cuisine — 35
ванная комната - la chambre de bain — 38
детская комната - la chambre d'enfant — 42
одежда - les vêtements — 44
офис - le bureau — 49
экономика - l'économie — 51
профессии - les professions — 53
инструменты - les outils — 56
музыкальные инструменты - les instruments de musique — 57
зоопарк - le zoo — 59
спорт - les sports — 62
действия - les activités — 63
семья - la famille — 67
тело - le corps — 68
больница - l'hôpital — 72
неотложный случай - l'urgence — 76
земля - la terre — 77
часы - l'horloge — 79
неделя - la semaine — 80
год - l'année — 81
формы - les formes — 83
цвета - les couleurs — 84
противоположности - les oppositions — 85
цифры - les nombres — 88
языки - les langues — 90
кто / что / как - qui / quoi / comment — 91
где - où — 92

AF216303

Impressum
Verlag: BABADADA GmbH, Nedderfeld 112 , 22529 Hamburg
Geschäftsführer / Verlagsleitung: Harald Hof
Druck: Books on Demand GmbH, In de Tarpen 42, 22848 Norderstedt

Imprint
Publisher: BABADADA GmbH, Nedderfeld 112 , 22529 Hamburg, Germany
Managing Director / Publishing direction: Harald Hof
Print: Books on Demand GmbH, In de Tarpen 42, 22848 Norderstedt, Germany

классная комната
la salle de classe

делить
diviser

186/2

доска
le tableau noir

школьный двор
la cour de récréation

учитель
l'enseignant

бумага
le papier

писать
écrire

ручка
le stylo

письменный стол
le bureau

линейка
la règle

книга
le livre

ученик
l'élève

ранец
le sac d'école

пенал
la trousse

карандаш
le crayon

точилка
le taille-crayon

ластик
la gomme

альбом для рисования
le carnet à dessin

рисунок

le dessin

кисточка

le pinceau

коробка красок

la boîte de peinture

ножницы

les ciseaux

клей

la colle

тетрадь

le cahier d'exercices

домашняя работа

les tâches

цифра

le chiffre

прибавлять

additionner

вычитать

soustraire

умножать

multiplier

считать

calculer

буква

la lettre

алфавит

l'alphabet

слово

le mot

школа - l'école   3

текст

le texte

читать

lire

мел

la craie

урок

la leçon

классный журнал

le livre de classe

экзамен

l'examen

диплом

le certificat

школьная форма

l'uniforme scolaire

образование

la formation

энциклопедия

le lexique

университет

l'université

микроскоп

le microscope

карта

la carte

корзина для бумаг

la corbeille à papier

гостиница
l'hôtel

турбаза
l'auberge

пункт обмена валюты
le bureau de change

чемодан
la valise

автомобиль
la voiture

язык

la langue

да / нет

oui / non

хорошо

d'accord

Привет

Salut

переводчик

l'interprète

Спасибо

merci

Сколько стоит...?

Combien coûte...?

Я не понимаю

Je ne comprends pas

проблема

le problème

Добрый вечер!

Bonsoir!

Доброе утро!

Bonjour!

Доброй ночи!

Bonne nuit!

До свидания

Au revoir

направление

la direction

багаж

les bagages

сумка

le sac

рюкзак

le sac-à-dos

гость

l'hôte

комната

la pièce

спальный мешок

le sac de couchage

палатка

la tente

туристическая
информация
l'office de tourisme

пляж
la plage

кредитная карточка
la carte de crédit

завтрак
le petit-déjeuner

обед
le déjeuner

ужин
le dîner

билет
le billet

лифт
l'ascenseur

почтовая марка
le timbre

граница
la frontière

таможня
la douane

посольство
l'ambassade

виза
le visa

паспорт
le passeport

транспорт
le transport

корабль
le navire

самолёт
l'avion

пожарный автомобиль
le véhicule de pompiers

автобус
le bus

грузовик
le camion

велосипед
la bicyclette

[мо]торная лодка
[le] bateau à moteur

автомобиль
la voiture

паром

le ferry

лодка

le barque

la moto

мотоцикл

полицейский автомобиль

la voiture de police

гоночный автомобиль

la voiture de course

арендованный
автомобиль
la voiture de location

совместное пользование
автомобилями
....
l'autopartage

буксировочный
автомобиль
la dépanneuse

мусоровоз
....
la benne à ordures

двигатель
....
le moteur

топливо
....
l'essence

заправка
....
la station d'essence

дорожный знак
....
le panneau indicateur

движение
....
le trafic

пробка
....
l'embouteillage

автостоянка
....
le parking

вокзал
....
la gare

рельсы
....
les rails

поезд
....
le train

трамвай
....
le tram

вагон
....
le wagon

вертолёт

l'hélicoptère

аэропорт

l'aéroport

вышка

la tour

пассажир

le passager

контейнер

le container

коробка

le carton

тележка

le chariot

корзина

la corbeille

взлетать / приземляться

décoller / atterrir

город
la ville

деревня

le village

центр города

le centre-ville

дом

la maison

кинотеатр
le cinéma

реклама
la publicité

уличный фонарь
le réverbère

улица
la rue

такси
le taxi

киоск
le kiosque

пешеход
le piéton

тротуар
le trottoir

пешеходный переход
le passage piéton

мусорное ведро
la poubelle

перекрёсток
le carrefour

светофор
les feux de circulation

CINEMA

хижина

la cabane

квартира

l'appartement

вокзал

la gare

ратуша

la mairie

музей

le musée

школа

l'école

университет

l'université

банк

la banque

больница

l'hôpital

гостиница

l'hôtel

аптека

la pharmacie

офис

le bureau

книжный магазин

la librairie

магазин

le magasin

цветочный магазин

le fleuriste

супермаркет

le supermarché

рынок

le marché

универмаг

le grand magasin

торговец рыбой

la poissonnerie

торговый центр

le centre commercial

порт

le port

парк

le parc

скамейка

la banque

мост

le pont

лестница

les escaliers

метро

le métro

тоннель

le tunnel

автобусная остановка

l'arrêt de bus

бар

le bar

ресторан

le restaurant

почтовый ящик

la boîte à lettres

табличка с названием
улицы

le panneau indicateur

паркометр

le parcomètre

зоопарк

le zoo

бассейн

le réverbère

мечеть

la mosquée

город - la ville

13

ферма

la ferme

загрязнение окружающей среды

la pollution

кладбище

le cimetière

церковь

l'église

детская площадка

l'aire de jeux

храм

le temple

ландшафт
le paysage

лист
la feuille

дорожный указатель
le panneau indicateur

дорога
le chemin

луг
le pré

камень
la pierre

путешественник
le randonneur

дерево
l'arbre

река
la rivière

трава
l'herbe

цветок
la fleur

долина

la vallée

гора

la montagne

озеро

le lac

лес

la forêt

пустыня

le désert

вулкан

le volcan

замок

le château

радуга

l'arc-en-ciel

гриб

le champignon

пальма

le palmier

комар

le moustique

муха

la mouche

муравей

les fourmis

пчела

l'abeille

паук

l'araignée

жук

le scarabée

лягушка

la grenouille

белка

l'écureuil

еж

le hérisson

заяц

le lapin

сова

la chouette

птица

l'oiseau

лебедь

le cygne

кабан

le sanglier

олень

le cerf

лось

l'élan

плотина

le barrage

ветряной генератор

l'éolienne

солнечная батарея

le panneau solaire

климат

le climat

официант
le serveur

меню
le menu

стул
la chaise

суп
la soupe

пицца
la pizza

столовые приборы
les services

скатерть
la nappe

закуска
les hors d'œuvre

главное блюдо
le plat principal

десерт
le dessert

напитки
les boissons

еда
l'alimentation

бутылка
la bouteille

фастфуд

le fast-food

уличная еда

les plats à emporter

чайник

la théière

сахарница

le sucrier

порция

la portion

кофеварка

la machine à expresso

детский стульчик

la chaise haute

счет

la facture

поднос

le plateau

нож

le couteau

вилка

la fourchette

ложка

la cuillère

чайная ложка

la cuillère à thé

салфетка

la serviette

стакан

le verre

тарелка

l'assiette

суповая тарелка

l'assiette à soupe

блюдце

la soucoupe

соус

la sauce

солонка

la salière

мельница для перца

le moulin à poivre

уксус

le vinaigre

масло

l'huile

специи

les épices

кетчуп

le ketchup

горчица

la moutarde

майонез

la mayonnaise

специальное предложение
l'offre promotionnelle

покупатель
le client

молочные продукты
les produits laitiers

фрукты
les fruits

тележка для покупок
le caddie

мясной магазин

la boucherie

пекарня

la boulangerie

взвешивать

peser

овощи

les légumes

мясо

la viande

быстрозамороженные
продукты

les aliments surgelés

нарезка

la charcuterie

консервы

les conserves

стиральный порошок

la poudre à lessive

сладости

les bonbons

предмет домашнего
обихода
les articles ménagers

моющее средство

les détergents

продавщица

la vendeuse

касса

la caisse

кассир

le caissier

список покупок

la liste d'achats

время работы

les heures d'ouverture

бумажник

le portefeuille

кредитная карточка

la carte de crédit

сумка

le sac

полиэтиленовый пакет

le sac en plastique

вода

l'eau

сок

le jus de fruit

молоко

le lait

кока-кола

le coca

вино

le vin

пиво

la bière

алкоголь

l'alcool

какао

le chocolat chaud

чай

le thé

кофе

le café

эспрессо

l'expresso

капучино

le cappuccino

банан

la banane

яблоко

la pomme

апельсин

l'orange

арбуз

le melon

лимон

le citron

морковь

la carotte

чеснок

l'ail

бамбук

le bambou

лук

l'oignon

гриб

le champignon

орехи

les noisettes

лапша

les pâtes

спагетти

les spaghettis

рис

le riz

салат

la salade

картофель фри

les frites

жареный картофель

les pommes de terre rôties

пицца

la pizza

гамбургер

le hamburger

сэндвич

le sandwich

шницель

l'escalope

ветчина

le jambon

салями

le salami

колбаса

la saucisse

курица

le poulet

жаркое

le rôti

рыба

le poisson

овсяные хлопья

les flocons d'avoine

мюсли

le muesli

кукурузные хлопья

les cornflakes

мука

la farine

круассан

le croissant

булочка

les petits-pains

хлеб

le pain

тост

le pain grillé

печенье

les biscuits

масло

le beurre

творог

le fromage blanc

пирог

le gâteau

яйцо

l'œuf

яичница

l'œuf au plat

сыр

le fromage

мороженое

la glace

сахар

le sucre

мёд

le miel

мармелад

la confiture

крем с нугой

la crème nougat

карри

le curry

крестьянский дом
la ferme

сарай
la grange

тюк из соломы
la botte de paille

поле
le champ

лошадь
le cheval

прицеп
la remorque

жеребёнок
le poulain

трактор
le tracteur

осёл
l'âne

овца
le mouton

ягнёнок
l'agneau

коза

la chèvre

корова

la vache

телёнок

le veau

свинья

le porc

поросёнок

le porcelet

бык

le taureau

гусь

l'oie

утка

le canard

цыплёнок

le poussin

курица

la poule

петух

le coq

крыса

le rat

кошка

le chat

мышь

la souris

вол

le bœuf

собака

le chien

конура

le chenil

садовый шланг

le tuyau de jardin

лейка

l'arrosoir

коса

la faucheuse

плуг

la charrue

серп

la faucille

мотыга

la pioche

навозные вилы

la fourche

топор

la hache

тачка

la brouette

корыто

la cuve

бидон для молока

le pot à lait

мешок

le sac

забор

la clôture

хлев

l'étable

теплица

la serre

почва

le sol

посев

les semences

удобрение

l'engrais

комбайн

la moissonneuse-batteuse

собирать урожай

récolter

урожай

la récolte

ямс

l'igname

пшеница

le blé

соя

le soja

картофель

la pomme de terre

кукуруза

le maïs

рапс

le colza

фруктовое дерево

l'arbre fruitier

маниок

le manioc

злаки

les céréales

дымоход
la cheminée

крыша
le toit

водосточный желоб
la gouttière

окно
la fenêtre

гараж
le garage

звонок
la sonnette

дверь
la porte

мусорное ведро
la poubelle

почтовый ящик
la boîte aux lettres

сад
le jardin

гостиная

le salon

ванная комната

la chambre de bain

кухня

la cuisine

спальня

la chambre à coucher

детская комната

la chambre d'enfant

столовая

la salle à manger

пол

le sol

стена

le mur

потолок

le plafond

подвал

la cave

сауна

le sauna

балкон

le balcon

терраса

la terrasse

бассейн

la piscine

газонокосилка

la tondeuse à gazon

пододеяльник

la fourre de duvet

покрывало

la couette

кровать

le lit

метла

le balai

ведро

le sceau

выключатель

l'interrupteur

обои
le papier peint

рисунок
l'image

лампа
la lampe

полка
l'étagère

шкаф
l'armoire

камин
la cheminée

телевизор
la télé

цветок
la fleur

подушка
le coussin

диван
le canapé

ваза
le vase

пульт дистанционного управления
la télécommande

ковёр
le tapis

штора
le rideau

стол
la table

стул
la chaise

кресло-качалка
la chaise à bascule

кресло
le fauteuil

книга

le livre

покрывало

la couverture

украшение

la décoration

дрова

le bois de chauffage

фильм

le film

стереосистема

la chaîne hi-fi

ключ

la clé

газета

le journal

картина

la peinture

плакат

le poster

радио

la radio

блокнот

le bloc-notes

пылесос

l'aspirateur

кактус

le cactus

свеча

la bougie

холодильник
le frigo

микроволновая печь
le four à micro-ondes

кухонные весы
la balance de cuisine

тостер
le toasteur

моющее средство
le détergent

морозилка
le compartiment congélateur

духовка
le four

мусорное ведро
la poubelle

посудомоечная машина
le lave-vaisselle

плита

le four

кастрюля

la casserole

чугунный котелок

la marmite

вок / кадай

le wok/kadai

сковорода

la poêle

чайник

la bouilloire électrique

пароварка

le cuiseur vapeur

противень

la plaque de cuisson

посуда

la vaisselle

кружка

le gobelet

миска

le bol

палочки для еды

les baguettes

половник

la louche

лопатка

la spatule

сбивалка

le fouet

сито

la passoire

сито

le tamis

тёрка

la râpe

ступка

le mortier

гриль

le barbecue

костёр

la cheminée

доска

la planche à découper

скалка

le rouleau à pâtisserie

штопор

le tire-bouchon

жестяная банка

la boîte

консервный нож

l'ouvre-boîte

прихватка

les maniques

раковина

le lavabo

щетка

la brosse

губка

l'éponge

миксер

le mixeur

морозильная камера

le congélateur

бутылочка для кормления

le biberon

кран

le robinet

ванная комната
la chambre de bain

отопление
le chauffage

полотенце
la serviette

душ
la douche

душевая занавеска
le rideau de douche

пенистая ванна
le bain moussant

ванна
la baignoire

стакан
le verre

стиральная машина
la machine à laver

кран
le robinet

плитка
le carrelage

горшок
le pot

раковина
le lavabo

туалет

les toilettes

напольный унитаз

la toilette à la turque

биде

le bidet

писсуар

l'urinoir

туалетная бумага

le papier toilette

ершик

la brosse à toilette

зубная щетка

la brosse à dents

зубная паста

le dentifrice

зубная нить

le fil dentaire

мыть

laver

ручной душ

la douche manuelle

интимный душ

la douche intime

таз

la vasque

щетка для спины

la brosse dorsale

мыло

le savon

гель для душа

le gel douche

шампунь

le shampooing

мочалка

le gant de toilette

сток

l'écoulement

крем

la crème

дезодорант

le déodorant

зеркало

le miroir

ручное зеркало

le miroir cosmétique

бритва

le rasoir

пена для бритья

la mousse à raser

лосьон после бритья

l'après-rasage

расческа

la peigne

щетка

la brosse

фен

le sèche-cheveux

лак для волос

la laque pour cheveux

косметика

le fond de teint

губная помада

le rouge à lèvres

лак для ногтей

le vernis à ongles

вата

l'ouate

маникюрные ножницы

le coupe-ongles

духи

le parfum

косметичка

la trousse de toilette

табуретка

le tabouret

весы

la balance

халат

le peignoir

резиновые перчатки

les gants de nettoyage

тампон

le tampon

гигиеническая прокладка

les serviettes hygiéniques

биотуалет

la toilette chimique

детская комната
la chambre d'enfant

будильник
le réveil

мягкая игрушка
le doudou

игрушечный автомобиль
la voiture jouet

погремушка
le hochet

кукольный домик
la maison de poupée

подарок
le cadeau

воздушный шар

le ballon

кровать

le lit

детская коляска

la poussette

карточная игра

le jeu de cartes

пазл

le puzzle

комикс

la bande dessinée

кирпичики Лего

les pièces lego

кубики

les blocs de construction

игрушечная фигурка

la figurine

ползунки

la grenouillère

фрисби

le frisbee

мобиле

le mobile

настольная игра

le jeu de société

кубик

le dé

модель железной дороги

le train miniature

соска

la sucette

вечеринка

la fête

книга с картинками

le livre d'images

мяч

la balle

кукла

la poupée

играть

jouer

песочница

le bac à sable

качели

la balançoire

игрушка

les jouets

игровая приставка

la console de jeu

трёхколесный велосипед

le tricycle

плюшевый медвежонок

l'ours en peluche

шкаф для одежды

l'armoire

одежда

les vêtements

носки

les chaussettes

чулки

les bas

колготки

le collant

шарф
l'écharpe

зонтик
le parapluie

ремень
la ceinture

футболка
le t-shirt

кроссовки
les baskets

сапоги
les bottes

тапки
les pantoufles

сандалии

les sandales

ботинки

les chaussures

резиновые сапоги

les bottes de caoutchouc

трусы

le linge de corps

бюстгальтер

le soutien-gorge

майка

le maillot de corps

боди

le body

брюки

le pantalon

джинсы

le jean

юбка

la jupe

блузка

le chemisier

рубашка

la chemise

свитер

le pull

свитер

le pull-over à capuche

спортивная куртка

la veste

жакет

la veste

пальто

le manteau

плащ

l'imperméable

костюм

le costume

платье

la robe

свадебное платье

la robe de mariée

мужской костюм

le costume

ночная сорочка

la chemise de nuit

пижама

le pyjama

сари

le sari

платок

le foulard

тюрбан

le turban

паранджа

la burqa

кафтан

le caftan

абайя

l'abaya

купальник

le maillot de bain

плавки

le costume de bain

шорты

les cuissettes

спортивный костюм

la tenue d'entraînement

фартук

le tablier

перчатки

les gants

пуговица

le bouton

очки

les lunettes

браслет

le bracelet

цепочка

le collier

кольцо

la bague

серьга

la boucle d'oreille

шапка

le bonnet

вешалка

le cintre

шляпа

le chapeau

галстук

la cravate

застежка молния

la fermeture éclair

шлем

le casque

подтяжки

les bretelles

школьная форма

l'uniforme scolaire

форма

l'uniforme

детский нагрудник
....
le bavoir

соска
....
la sucette

подгузник
....
la couche

сервер
le serveur

канцелярский шкаф
l'armoire d'archivage

принтер
l'imprimante

монитор
l'écran

бумага
le papier

мышь
la souris

письменный стол
le bureau

папка
le classeur

клавиатура
le clavier

стул
la chaise

корзина для бумаг
la corbeille à papier

компьютер
l'ordinateur

кофейная кружка
....
la tasse à café

калькулятор
....
la calculatrice

интернет
....
l'internet

ноутбук

l'ordinateur portable

письмо

la lettre

сообщение

le message

мобильный телефон

le portable

сеть

le réseau

ксерокс

la photocopieuse

программа

le logiciel

телефон

le téléphone

розетка

la prise

факс

le fax

формуляр

le formulaire

документ

le document

покупать

acheter

платить

payer

торговать

marchander

деньги

la monnaie

доллар

le dollar

евро

l'euro

иена

le yen

рубль

le rouble

франк

le franc suisse

жэньминьби юань

le renminbi yuan

рупия

la roupie

банкомат

le distributeur automatique

пункт обмена валюты

le bureau de change

золото

l'or

серебро

l'argent

нефть

le pétrole

энергия

l'énergie

цена

le prix

договор

le contrat

налог

la taxe

акция

l'action

работать

travailler

служащий

l'employé

работодатель

l'employeur

фабрика

l'usine

магазин

le magasin

милиционер
l'agent de police

пожарный
le pompier

пилот
le pilote

повар
le cuisinier

врач
le médecin

садовник
....
le jardinier

столяр
....
le menuisier

швея
....
la couturière

судья
....
le juge

химик
....
le chimiste

актёр
....
l'acteur

водитель автобуса

le conducteur de bus

таксист

le chauffeur de taxi

рыбак

le pêcheur

уборщица

la femme de ménage

кровельщик

le couvreur

официант

le serveur

охотник

le chasseur

художник

le peintre

пекарь

le boulanger

электрик

l'électricien

строитель

l'ouvrier

инженер

l'ingénieur

мясник

le boucher

сантехник

le plombier

почтальон

le facteur

солдат

le soldat

архитектор

l'architecte

кассир

le caissier

флорист

le fleuriste

парикмахер

le coiffeur

кондуктор

le contrôleur

механик

le mécanicien

капитан

le capitaine

зубной врач

le dentiste

ученый

le scientifique

раввин

le rabbin

имам

l'imam

монах

le moine

священник

le prêtre

молоток
le marteau

плоскогубцы
les pinces

отвёртка
le tournevis

гаечный ключ
la clé

карманный фон
la torche

экскаватор

la pelleteuse

ящик для инструментов

la boîte à outils

стремянка

l'échelle

пила

la scie

гвозди

les clous

дрель

la perceuse

ремонтировать

réparer

лопата

la pelle

Блин!

Mince!

совок

la pelle

ведро с краской

le pot de peinture

винты

les vis

музыкальные инструменты
les instruments de musique

ударный инструмент
la batterie

громкоговоритель
le haut-parleur

контрабас
la contrebasse

труба
la trompette

гитара
la guitare

пианино

le piano

скрипка

le violon

бас-гитара

la basse

литавры

les timbales

барабан

le tambour

синтезатор

le piano électrique

саксофон

le saxophone

флейта

la flûte

микрофон

le microphone

тигр
le tigre

вход
l'entrée

клетка
la cage

зебра
le zèbre

корм
l'alimentation animale

панда
le panda

животные

les animaux

слон

l'éléphant

кенгуру

le kangourou

носорог

le rhinocéros

горилла

le gorille

медведь

l'ours

верблюд

le chameau

страус

l'autruche

лев

le lion

обезьяна

le singe

фламинго

le flamand rose

попугай

le perroquet

белый медведь

l'ours polaire

пингвин

le pingouin

акула

le requin

павлин

le paon

змея

le serpent

крокодил

le crocodile

служитель зоопарка

le gardien de zoo

тюлень

le phoque

ягуар

le jaguar

пони

le poney

леопард

le léopard

бегемот

l'hippopotame

жираф

la girafe

орёл

l'aigle

кабан

le sanglier

рыба

le poisson

черепаха

la tortue

морж

le morse

лиса

le renard

газель

la gazelle

американский футбол
l'american Football

езда на велосипеде
le cyclisme

теннис
le tennis

баскетбол
le basket-ball

плавание
la natation

бокс
la boxe

хоккей
le hockey sur glace

футбол

le football

бадминтон

le badminton

лёгкая атлетика

l'athlétisme

гандбол

le handball

лыжный спорт

le ski

поло

le polo

прыгать
sauter

обнимать
embrasser

смеяться
rire

идти
marcher

петь
chanter

мечтать
rêver

молиться
prier

целовать
faire la bise

писать

écrire

рисовать

dessiner

показывать

montrer

нажимать

pousser

давать

donner

брать

prendre

иметь

avoir

делать

faire

быть

être

стоять

être debout

бежать

courir

тянуть

trier

бросать

jeter

падать

tomber

лежать

être couché

ждать

attendre

носить

porter

сидеть

être assis

надевать

s'habiller

спать

dormir

просыпаться

se réveiller

рассматривать

regarder

плакать

pleurer

гладить

caresser

причесывать

peigner

говорить

parler

понимать

comprendre

спрашивать

demander

слушать

écouter

пить

boire

кушать

manger

наводить порядок

ranger

любить

aimer

готовить

cuire

ехать

conduire

летать

voler

ходить под парусом

faire de la voile

считать

calculer

читать

lire

учиться

apprendre

работать

travailler

вступать в брак

se marier

шить

coudre

чистить зубы

se brosser les dents

убивать

tuer

курить

fumer

отправлять

envoyer

абушка
a grand-mère

дедушка
le grand-père

папа
le père

мама
la mère

младенец
le bébé

дочь
la fille

сын
le fils

гость

l'hôte

тетя

la tante

дядя

l'oncle

брат

le frère

сестра

la sœur

лоб
le front

глаз
l'œil

плечо
l'épaule

палец
le doigt

лицо
le visage

подбородок
le menton

кисть
la main

грудь
la poitrine

нога
la jambe

рука
le bras

младенец

le bébé

мужчина

l'homme

женщина

la femme

девочка

la fille

мальчик

le garçon

голова

la tête

спина

le dos

живот

le ventre

пупок

le nombril

палец ноги

l'orteil

пятка

le talon

кость

l'os

бедро

la hanche

колено

le genou

локоть

le coude

нос

le nez

ягодицы

les fesses

кожа

la peau

щека

la joue

ухо

l'oreille

губа

la lèvre

тело - le corps

рот

la bouche

зуб

la dent

язык

la langue

мозг

le cerveau

сердце

le cœur

мышца

le muscle

лёгкое

les poumons

печень

le foie

желудок

l'estomac

почки

les reins

половой акт

le rapport sexuel

презерватив

le préservatif

яйцеклетка

l'ovule

сперма

le sperme

беременность

la grossesse

тело - le corps

менструация

la menstruation

вагина

le vagin

пенис

le pénis

бровь

le sourcil

волосы

les cheveux

шея

le cou

больница
l'hôpital

машина скорой помощи
l'ambulance

кресло-каталка
le fauteuil roulant

перелом
la fracture

врач

le médecin

пункт первой помощи

le service des urgences

медсестра

l'infirmière

неотложный случай

l'urgence

без сознания

inconscient

боль

la douleur

повреждение

la blessure

кровотечение

l'hémorragie

инфаркт

la crise cardiaque

инсульт

l'attaque cérébrale

аллергия

l'allergie

кашель

la toux

повышенная температура

la fièvre

грипп

la grippe

понос

la diarrhée

головная боль

le mal de tête

рак

le cancer

диабет

le diabète

хирург

le chirurgien

скальпель

le scalpel

операция

l'opération

КТ

le CT

рентген

la radiographie

ультразвук

l'échographie

маска

le masque

болезнь

la maladie

приёмная

la salle d'attente

костыль

la béquille

пластырь

le pansement

бинт

le pansement

укол

l'injection

стетоскоп

le stéthoscope

носилки

le brancard

термометр

le thermomètre

рождение

l'accouchement

избыточный вес

le surpoids

слуховой аппарат

l'appareil auditif

дезинфекционное средство

le désinfectant

инфекция

l'infection

вирус

le virus

ВИЧ / СПИД

le VIH / le sida

лекарство

le médicament

прививка

la vaccination

таблетки

les tablettes

противозачаточная таблетка

la pilule

экстренный вызов

l'appel d'urgence

прибор для измерения кровяного давления

le tensiomètre

больной / здоровый

malade / sain

Помогите!

Au secours!

нападение

l'agression

сигнал тревоги

l'alarme

атака

l'attaque

опасность

le danger

запасной выход

la sortie de secours

Пожар!

Au feu!

огнетушитель

l'extincteur

несчастный случай

l'accident

аптечка

la trousse de premier
secours

SOS

SOS

милиция

la police

Европа

l'Europe

Северная Америка

l'Amérique du Nord

Южная Америка

l'Amérique du Sud

Африка

l'Afrique

Азия

l'Asie

Австралия

l'Australie

Атлантический океан

l'Océan atlantique

Тихий океан

l'Océan pacifique

Индийский океан

l'Océan indien

Антарктический океан

l'Océan antarctique

Северный Ледовитый океан

l'Océan arctique

Северный полюс

le Pôle nord

Южный полюс

le Pôle sud

Антарктика

l'Antarctique

земля

la terre

суша

le pays

море

la mer

остров

l'île

нация

la nation

государство

l'état

циферблат

le cadran

часовая стрелка

l'aiguille des heures

минутная стрелка

l'aiguille des minutes

секундная стрелка

l'aiguille des secondes

Который час?

Quelle heure est-il?

день

le jour

время

le temps

сейчас

maintenant

электронные часы

la montre digitale

минута

la minute

час

l'heure

неделя

la semaine

понедельник
lundi

среда
mercredi

пятница
vendredi

вторник
mardi

четверг
jeudi

суббота
samedi

воскресенье
dimanche

вчера

hier

сегодня

aujourd'hui

завтра

demain

утро

le matin

полдень

le midi

вечер

le soir

MO	TU	WE	TH	FR	SA	SU
1	2	3	4	5	6	7
8	9	10	11	12	13	14
15	16	17	18	19	20	21
22	23	24	25	26	27	28
29	30	31	1	2	3	4

рабочие дни

les jours ouvrables

MO	TU	WE	TH	FR	SA	SU
1	2	3	4	5	6	7
8	9	10	11	12	13	14
15	16	17	18	19	20	21
22	23	24	25	26	27	28
29	30	31	1	2	3	4

выходные

le week-end

дождь
la pluie

радуга
l'arc-en-ciel

снег
la neige

ветер
le vent

весна
le printemps

осень
l'automne

лето
l'été

зима
l'hiver

прогноз погоды

la météo

термометр

le thermomètre

солнечный свет

la lumière du soleil

туча

le nuage

туман

le brouillard

влажность воздуха

l'humidité

молния

la foudre

гром

le tonnerre

буря

la tempête

град

la grêle

муссон

la mousson

наводнение

l'inondation

лёд

la glace

январь

janvier

февраль

février

март

mars

апрель

avril

май

mai

июнь

juin

июль

juillet

август

août

сентябрь

septembre

октябрь

octobre

ноябрь

novembre

декабрь

décembre

формы

les formes

круг

le cercle

квадрат

le carré

прямоугольник

le rectangle

треугольник

le triangle

шар

la sphère

куб

le cube

белый

blanc

желтый

jaune

оранжевый

orange

розовый

rose

красный

rouge

лиловый

violet

синий

bleu

зелёный

vert

коричневый

marron

серый

gris

черный

noir

много / мало

beaucoup / peu

яростный / мирный

fâché / calme

красивый / уродливый

joli / laid

начало / конец

le début / la fin

большой / маленький

grand / petit

светлый / темный

clair / obscure

брат / сестра

le frère / la sœur

чистый / грязный

propre / sale

полный / неполный

complet / incomplet

день / ночь

le jour / la nuit

мёртвый / живой

mort / vivant

широкий / узкий

large / étroit

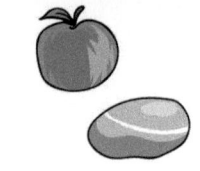

съедобный / несъедобный

comestible / incomestible

злой / дружелюбный

méchant / gentil

взволнованный /
скучающий
excité / ennuyé

толстый / худой

gros / mince

сначала / в конце

le premier / le dernier

друг / враг

l'ami / l'ennemi

полный / пустой

plein / vide

твёрдый / мягкий

dur / souple

тяжёлый / легкий

lourd / léger

голод / жажда

faim / soif

больной / здоровый

malade / sain

незаконный / законный

illégal / légal

умный / глупый

intelligent / stupide

слева / справа

gauche / droite

близко / далеко

proche / loin

новый / подержанный

nouveau / usé

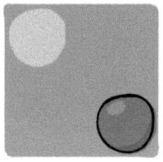

ничто / нечто

rien / quelque chose

старый / молодой

vieux / jeune

включено / выключено

marche / arrêt

открыто / закрыто

ouvert / fermé

тихо / громко

faible / fort

богатый / бедный

riche / pauvre

правильный /
неправильный
correct / incorrect

шероховатый / гладкий

rugueux / lisse

печальный / счастливый

triste / heureux

короткий / длинный

court / long

медленный / быстрый

lent / rapide

мокрый / сухой

mouillé / sec

тёплый / прохладный

chaud / froid

война / мир

la guerre / la paix

противоположности - les oppositions

0

ноль

zéro

1

один

un

2

два

deux

3

три

trois

4

четыре

quatre

5

пять

cinq

6

шесть

six

7

семь

sept

8

восемь

huit

9

девять

neuf

10

десять

dix

11

одиннадцать

onze

12

двенадцать

douze

13

тринадцать

treize

14

четырнадцать

quatorze

15

пятнадцать

quinze

16

шестнадцать

seize

17

семнадцать

dix-sept

18

восемнадцать

dix-huit

19

девятнадцать

dix-neuf

20

двадцать

vingt

100

сто

cent

1.000

тысяча

mille

1.000.000

миллион

le million

английский

l'anglais

американский английский

l'anglais américain

мандаринский китайский

le chinois mandarin

хинди

le hindi

испанский

l'espagnol

французский

le français

арабский

l'arabe

русский

le russe

португальский

le portugais

бенгальский

le bengali

немецкий

l'allemand

японский

le japonais

я
je

ты
tu

он / она / оно
il / elle

мы
nous

вы
vous

они
ils / elles

кто?
qui?

что?
quoi?

как?
comment?

где?
où?

когда?
quand?

имя
le nom

за
derrière

в
dans

перед
devant

над
au-dessus

на
sur

под
en-dessous

рядом
à côté de

между
entre

место
le lieu